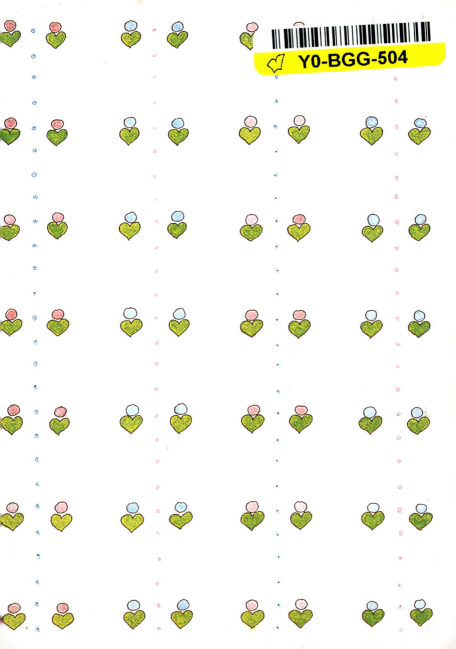

Y0-BGG-504

Para:

De:

Título original: Babies take us on a special journey

Edición original: C.R. Gibson Company, Norwalk, Ct. 06856

Diseño e ilustraciones: Susan Squellati Florence

Traducción: Lidia María Riba

LA MARAVILLA DE LOS BEBÉS

© 1996, Vergara & Riba Editoras

Argentina: Arenales 1239 PB 3,
(C1061AAK) Buenos Aires
Tel/Fax: (54-11) 4816-3791
e-mail: editoras@vergarariba.com.ar

México: Galileo 100, Colonia Polanco,
México D.F. (11560)
Tel/Fax (52) 5220-6620/21
e-mail: editoras@vergarariba.com.mx

ISBN: 987-95816-6-0

Fotocromía: DTP ediciones. Buenos Aires.
Argentina.

Impreso por   Quebecor World São Paulo

Printed in Brazil

Agosto de 2001

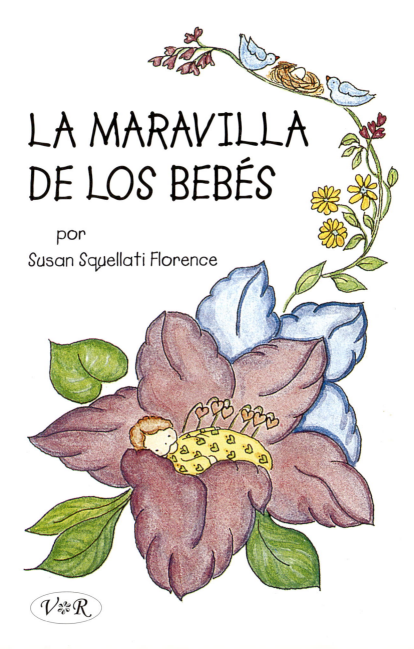

LA MARAVILLA
DE LOS BEBÉS

por

Susan Squellati Florence

Los bebés nos llevan
en un viaje muy especial
a la tierra del amor.

Nos llevan a un lugar
que jamás creímos
que existiera...

que siempre estuvo allí,
dentro de nosotros,
esperando sólo
que un niño
le abriera la puerta.

Es el lugar
donde el amor
comienza...

y donde descubrimos
que, dando,
poseemos mucho más.

Los bebés
nos conducen
de vuelta
 a nuestros
primeros pasos.

Pensándonos
alguna vez
tan pequeños e
indefensos como él,
encontramos
al niño
que aún llevamos
dentro.

Miramos
a nuestros padres
de un modo nuevo...

y comprendemos
cuánto significamos
para ellos.

Los bebés nos regalan
una nueva comprensión
del mundo.

Lo que no nos sorprendía,
hoy nos parece
maravilloso:

verlo crecer...
moverse...
tocar...

¡y sonreír!

Los bebés nos enseñan
tantas cosas:

que una casa
es más acogedora
si está desordenada...

que los horarios
    sólo pueden ser
    flexibles...

y que ya no habrá
tantas noches
    de sueño tranquilo.

Más aún,
aprenderemos que el tiempo
(tan importante
para nosotros)
no vale nada
para nuestro bebé.

Los bebés obran
en nosotros
algo mágico:
por un breve lapso
(tan breve...)
somos
la única persona
que importa
en el mundo.

Nadie tendrá
tanto poder,
nadie será tan rico,
nadie sabrá tanto...

nadie,
excepto nosotros,
será capaz
de provocar
la risa
de nuestro bebé.

Lo acariciamos...
Lo abrazamos...
Y lo sostenemos
acunándolo dulcemente...
Mientras,
por arte de magia,
el tiempo se detiene.

Y sentimos,
sin una sola palabra,
la presencia del amor
entre nosotros.

El mundo se transforma
cuando seguimos
a nuestro pequeño.

Nos detenemos
a observar

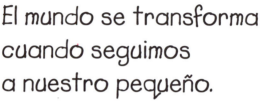

el camino
de una hormiga...
el vuelo
de una mariposa...
el salto de una ranita.

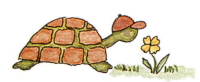

Descubrimos que
los charcos
existen
para saltar en ellos...
nunca por encima

que la hierba
se disfruta
con los pies descalzos...

¡y que es tan divertido
atrapar gusanos!

Los bebés
pueden ser también
el mayor desafío
que enfrentemos.

Su inocencia espera,
en silencio,
confiadamente,
que hagamos de ellos
la mejor obra
de toda nuestra vida.

Habrá ocasiones
en que te preguntarás
cómo se te ocurrió
emprender este viaje...

en el cual
se espera tanto de ti...

en el cual las exigencias
y las obligaciones
tantas veces
te agobian.

Ese es el momento
de detenerte,
de escuchar
tus propias voces...
de pensar
también en ti,
de darte un respiro...
de pedir ayuda.

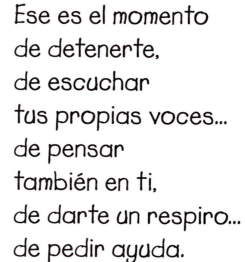

Tu felicidad
es tan importante
para tu bebé
como la suya
para ti.

Con los años
tu bebé crecerá...

y todo el cuidado,
el alimento
y el tiempo
que le habrás dado
como mamá
o como papá
ya no serán
necesarios.

Pero tu hijo
sí necesitará siempre
el amor
que han compartido.

Ese círculo infinito
de amor recíproco
lo nutrirá
toda la vida.

La maravilla
de los bebés
es este viaje único
que nos lleva
a la tierra del amor,
escondida
en lo más profundo
de nuestro corazón.

Otros libros para regalar

Te regalo una alegría

Un regalo para el alma

Todo es posible

Nunca te rindas

Confía en ti

Tu Primera Comunión

Dios te conoce

Por nuestra gran amistad

La maravilla de la amistad

Para una gran mujer

Para una mujer muy ocupada

Un regalo para mi madre

Para una mujer que cree en Dios

Un regalo para mi padre

Para un hombre de éxito

Un regalo para mi hija

Un regalo para mi hijo

De parte de papá y mamá

A mi hermana

Con el cariño de la abuela

Seamos siempre amigas

Para el hombre de mi vida

Poemas para enamorar

Nacimos para estar juntos

Gracias por tu amor

Ámame siempre

Seguirás siendo mi amor

Vocación de curar

Vocación de enseñar

Si has perdido a alguien que amabas

Colección "Lo mejor de los mejores"

Paulo Coelho: Palabras esenciales

Richard Bach: Mensajes para siempre

Pablo Neruda: Regalo de un poeta

Mario Benedetti: Acordes Cotidianos

Un brindis por la vida

Un brindis por los amigos

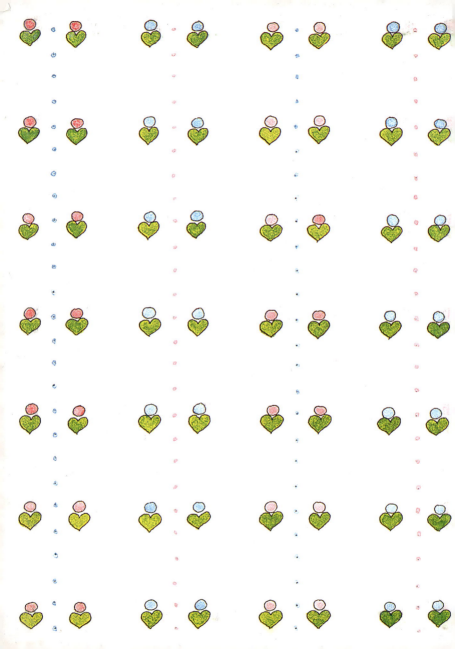